defghijklmnopqrst wxyz

uvwxyzabc g

tuvwxyzabcdefghijklmnopqrstuvw

abcdefghijklmnopqrstuvwx

opqrstuvwxyzabcdefghijklmnopqrstu

nopqrstuvwxyzabcd

uvwxyzabcdefghijklmnopqrstuvwxyza

cdefghijklmnopqrstuvwx

vwxyzabcdefghijklmnopqrstuvwxyzabcdefghijklm

vxyzabcdefghijklmnopqrstuvw

bcdefghijklmnopqrstuvwxy

rstuvwxyzabcdefghijklmnopqrstuvwxyzab

xyzabcdefghijklmno

cdefghijklmnopqrstuvwxyzabcdefeghijk

uvwxyzabcdefghijklmnopqrstuvw

zabcdefghijklmnopqrstuvw

rstuvwxyzabcdefghijklmnopqrstuvwxyzabc

opqrstuvwxyzabcdefghijklmnop

nopqrstuvwxyzabcd

vwxyzabcdefghijklmnopqrstuvwxyz

ABCDEFGH
IJKLMN
UTSRQPON
ZYXWV
abcdef
ghijklm
nopqrst
uvwxyz

First published in Great Britain by
A & C Black (Publishers) Ltd., 1985

Library of Congress catalog card number: 84-73117
Printed in Italy
First American edition, 1985

What's Inside?

THE ALPHABET BOOK

by
Satoshi Kitamura

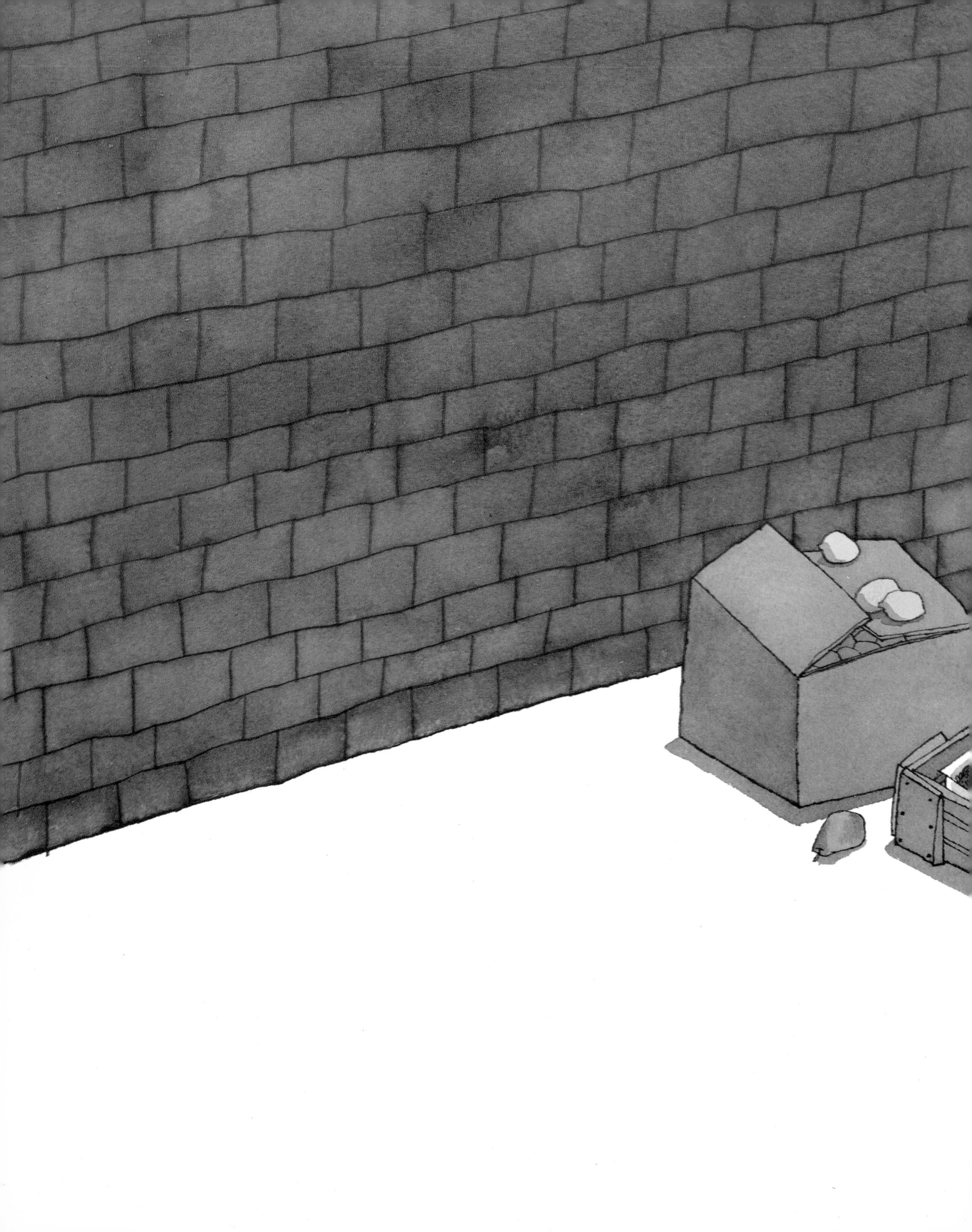

a
b

apples
bananas

c
d
AB

cat
and
dog
23684

ef

elephant
and
fire-engine

9
h

guitar
and
hippopotamus

i j

iguana
and
jack-
-in-the-
box
j

k

kite
and
ladder

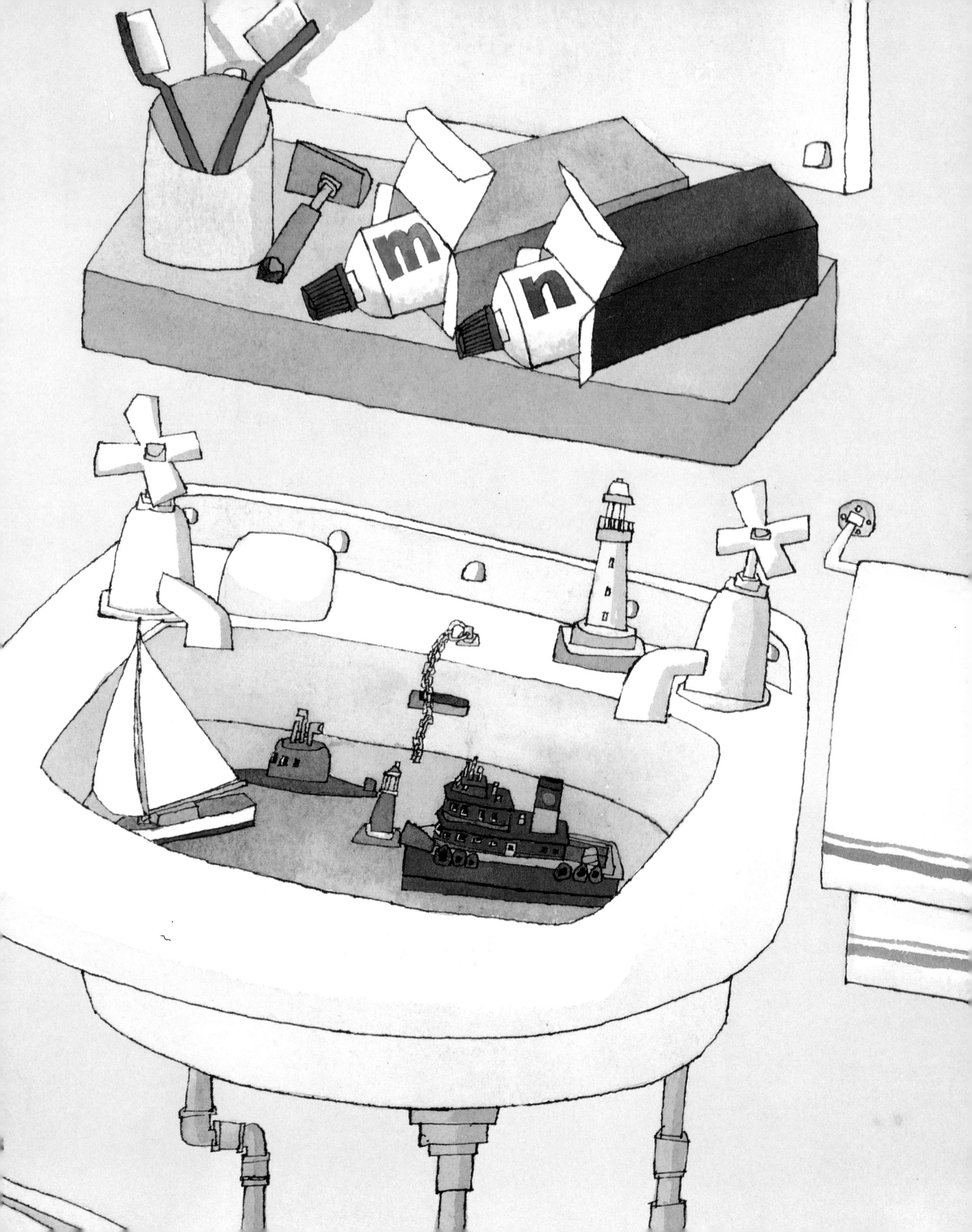
m
n

morning and night

O·P

octopus
and
piano

qr

quill and rat

Snow
and
tiger

UV

umbrella
and
vampire bat

WX

Woodpecker
and
Xylophone

y

y
Yacht
and
Zebra

a
bcd
efghij
klmnop
qrstuv
wxy
z

bcdefg
hijklmno
prstuvwxy
q

ABCDEFGHIJKLMNOPQRSTUVWXYZ

DEFGHIJKLMNOPQRSTUVWXYZABCDEFGHIJKLMN

BCDEFGHIJKLMNOPQRSTUVW

STUVWXYZABCDEFGH

ABCDEFGHIJKLMNOPQRSTUVWXYZABCDEFGHIJKLMNOPQR

PQRSTUVWXYZABCDEFGHIJKLMNOPQRSTUVWXY

IJKLMNOPQRSTUVWXYZABC

ABCDEFGHIJKLMNOPQRSTU

STUVWXYZABCDEFGHIJKLMNOPQRSTUVWXYZABC

WXYZABCDEFGHIJKLMNOPQRSTUVWXYZABCDEFGHIJKLMNOPQRSTUVWX

OPQRSTUVWXYZABCDEFGHIJKLMN

NOPQRSTUVWXYZABC

XYZABCDEFGHIJKLMNOPQRSTUVWXYZABCDEFGHIJKLM

CDEFGHIJKLMNOPQRSTUVWX

WXYZABCDEFGHIJKLMNOPQRSTUVWXYZABCDEFGHIJKLM

JKLMNOPQRSTUVWXYZABCDEFGHIJKLMNOPQRSTU

MNOPQRSTUVWXYZABCDEFGABCD

JKLMNOPQRSTUVWXYZABCDEFGHIJKLMNOP

YZABCDEFGHIJKLMNOP

LMNOPQRSTUVWXYZABCDEFGHIJK

STUVWXYZABCDEFGHIJKLMNOPQRSTUVWXYZ

KLMNOPQRSTUVWXYZABCDEFGHIJKLMNOPQRSTUV

OPQRSTUVWXYZABCDEFGHIJK

LMNOPQRSTUVWXYZABCDEFGHIJKLMNOPQRSTUVWX